NOVENA PERPÉTUA A NOSSA SENHORA DO PERPÉTUO SOCORRO

EDITORA SANTUÁRIO

Este livro pertence a:..
....
Endereço: ....
Cidade: ....
Fone: ....

1ª edição: 1977
ISBN 85-7200-836-5

IMPRIMA-SE
Por comissão do Arcebispo Metropolitano de Aparecida,
Dom Raymundo Damasceno Assis.
Pe. Carlos da Silva, C.Ss.R.
Aparecida, 30 de outubro de 2006

114ª impressão

Todos os direitos reservados à **EDITORA SANTUÁRIO** — 2024

Rua Pe. Claro Monteiro, 342 – 12570-045 – Aparecida-SP
Tel.: 12 3104-2000 – Televendas: 0800 - 016 00 04
www.editorasantuario.com.br
vendas@editorasantuario.com.br

INTRODUÇÃO

A História do Quadro

A veneração especial pela Senhora do Perpétuo Socorro tem origem em 1789, quando o quadro da Santa sobreviveu intacto à destruição do templo em que se encontrava – Igreja de São Mateus, em Roma – pelas tropas da Revolução Francesa. Em 1866, o Papa Pio IX entregou o quadro aos Missionários Redentoristas e incumbiu-lhes a missão de propagar ao mundo a devoção a Nossa Senhora do Perpétuo Socorro, cuja festa é celebrada no dia 27 de junho.

"Façam-na conhecida no mundo inteiro."

O Significado do Quadro

No quadro de Nossa Senhora do Perpétuo Socorro tudo tem significado: As cores, as legendas, as atitudes e até os detalhes. Mede 50x42cm. Tem caracteres gregos com a abreviatura dos nomes das quatro figuras presentes, a Mãe de Deus, seu divino Filho e os arcanjos Gabriel e Miguel, que mostram os instrumentos da Paixão: A cana com esponja, a lança, os cravos e a cruz. O menino, assustado pela visão, lança-se nos braços da Mãe. A angústia de Jesus não é demonstrada pela expressão e sim por suas atitudes. Ele agarra-se à mão que a Mãe estende para confortá-lo e, no movimento, deixa escorregar a sandália do pé direito. Os olhos de Maria, cheios de compaixão, voltam-se para quem a contempla, apelando para a humanidade evitar o pecado, causa da morte de Jesus. A cor de ouro do fundo da pintura evoca valores permanentes, dando à moldura um caráter de eternidade.

A Novena Perpétua

• Começou no dia 11 de julho de 1922, quarta-feira, na igreja de Santo Afonso, de S. Luís, nos Estados Unidos. Em poucos anos propagou-se pelo mundo todo.

• É um modo de rezar continuamente a Nossa Senhora em união com o mundo inteiro, pois cada região tem um dia na semana, e cada hora, em alguma parte do mundo, haverá uma igreja onde estão celebrando esta novena.

• É também um meio de você viver, na sua paróquia, vida de comunidade, vida de Igreja.

• É uma boa oportunidade de você, imitando a Virgem Maria, ouvir a Palavra de Deus que o ilumina, instrui e alimenta sua fé.

• É ainda uma ocasião para você pedir e agradecer, por intermédio daquela que é a Mãe de Deus e nossa Mãe.

• Ao fazer a sua Novena, não pense só em você, mas, caridosamente, recomende a Nossa Senhora as necessidades de todos.

Oração a N. Sra. do Perpétuo Socorro

Maria, mãe de Deus e nossa, olhai compassiva para vossos filhos e filhas que trilham os caminhos da história. Sentimos a falta do pão de cada dia, do emprego, da saúde, da justiça e de solidariedade maior. Intercedei junto a vosso Filho, Jesus, para que possamos experimentar sua Redenção abundante e fazer o caminho da vida como irmãos e irmãs, num novo céu e numa nova terra. Ajudai-nos, Mãe, e sede para nós perpétuo socorro de nossas necessidades junto a vosso Filho Jesus. Amém.

RITOS INICIAIS

1. Canto de entrada
Por nós rogai ao bom Jesus,/ que nos salvou por sua cruz./ Por nós velai, ó Mãe querida,/ nos abençoai por toda a vida,/ Nossa Senhora do Perpétuo Socorro.

Celebrante: Em nome do Pai e do Filho e do Espírito Santo.

Todos: Amém.

Celebrante: *(Com estas ou outras palavras faz a motivação.)* Irmãos, estamos aqui reunidos com a Mãe de Jesus. Na Virgem Maria tudo se refere a Cristo e dele depende. Ela é também a Mãe de todos nós. Para que Ela nos olhe com misericórdia, vamos reconhecer as nossas culpas e pedir a Deus que, por sua intercessão, nos liberte do pecado, com o qual tantas vezes o ofendemos em nossa vida.

2. Ato penitencial
(O celebrante pode substituir este ato por outro mais adequado às circunstâncias.)

Celebrante: Do egoísmo que nos faz esquecer os nossos irmãos...

Todos: Vinde libertar-nos, Senhor!

Celebrante ou leitor: Da indiferença em participar da vida da Igreja...

Do orgulho que nos impede de servir aos nossos irmãos...

De todos os nossos pecados pelos quais vos negamos amor em nossa vida...

(Momento de silêncio para pensar nas próprias faltas e pedir perdão.)

Celebrante: "Se confessamos os nossos pecados, Deus é fiel e justo para nos perdoar e purificar de toda a maldade" (1Jo 1,9).

Todos: Amém.

3. Oferecimento – Intenções

Celebrante: Ó Mãe do Perpétuo Socorro, nós nos reunimos nesta novena para vos louvar, bendizer e agradecer todas as graças que, por vossa intercessão, temos recebido.

Todos: E queremos também pedir por toda a Igreja,/ pelos missionários e apóstolos leigos,/ pelas vocações sacerdotais e reli-

giosas,/ pelas famílias,/ pela paz no mundo,/ pelos pobres e abandonados,/ pelos injustiçados e oprimidos,/ pelos doentes e aflitos,/ pelos agonizantes e almas do purgatório/ e pelas nossas intenções particulares.

(Cada um faça suas intenções pessoais. O celebrante pode acrescentar outras intenções mais próprias para o momento e lugar.)

PRECES

4. Nossa Senhora, Mãe de Cristo
Celebrante: Santa Maria, Mãe de Deus!
Todos: Rogai por nós!
Celebrante: Mãe do Cristo Libertador...
Mãe da Divina Graça...
Mãe do Salvador...
Mãe de Misericórdia...

Celebrante ou leitor: Vós fostes a serva fiel do Senhor, colaborando com Cristo na Libertação total da humanidade. Vós tendes a missão de trazer Cristo Libertador ao mundo e fazer-nos participantes de sua morte e ressurreição.

Todos: **Ensinai-nos a ouvir vosso Filho/ e ajudai-nos a realizar em nossas vidas/ uma sincera conversão para Deus/ e para nossos irmãos.**

Celebrante: Rogai por nós, ó Mãe do Perpétuo Socorro!

Todos: **Para que sejamos dignos das promessas de Cristo!**

Celebrante: Oremos. Santa Maria, que gerastes o Redentor para o mundo e trouxestes a Luz para os homens, sede para nós Mãe e Modelo, guia para a Igreja que caminha nas estradas do mundo rumo ao céu, nossa Corredentora e Medianeira junto a Deus Pai, com Jesus Cristo, na unidade do Espírito Santo.

Todos: **Amém.**

5. Canto

Ó Virgem Maria, Rainha de amor,/ tu és a Mãe Santa do Cristo Senhor!

Perpétuo Socorro, tu és, Mãe querida!/ Teus filhos suplicam socorro na vida!

6. Nossa Senhora, Mãe da Igreja

Celebrante: Ó Maria, vós sois a Mãe da

Igreja, desta família aqui reunida. Perseveramos convosco, pedindo ao Pai o Espírito Santo prometido por Jesus.

Todos: **Renovai, ó Divino Espírito Santo,/ a vida desta comunidade cristã./ Queremos viver vida de comunidade,/ vida de Igreja e salvar-nos./ Que nossos irmãos afastados de Deus/ voltem para a casa do Pai!**

Celebrante ou leitor: Rezemos por toda a Igreja:

Todos: **Protegei o Papa!/ Assisti os Bispos!/ Santificai os homens e mulheres consagrados a Deus!/ Conservai a paz e a união nas famílias!/ Abençoai nossa Pátria!/ Esclarecei nosso governo!/ Ajudai-nos a viver como bons cristãos!**

Celebrante ou leitor: Com vosso auxílio e exemplo, queremos que nossa vida seja um testemunho claro da fé, da esperança e do amor aos homens e ao mundo.

Todos: **Ficai conosco, ó Mãe do Perpétuo Socorro,/ para que possamos perseverar convosco/ na procura de Cristo./ Devemos libertar-nos dos erros pessoais,/ das nossas faltas na vida familiar,/ social e profissional,/**

para melhor amarmos a Deus e aos nossos irmãos./ Ajudai-nos!

Celebrante ou leitor: O pecado da injustiça, que é causa de tanto sofrimento, é pior que a doença e a tribulação, porque é mal que está no coração das pessoas.

Todos: Ajudai-nos a libertar-nos do egoísmo e da injustiça!/ Socorrei os oprimidos e os explorados pela maldade dos homens.

Celebrante: "Felizes os que promovem a paz porque serão chamados filhos de Deus!" (Mt 5,9).

7. Canto
Ó Virgem Maria, Rainha do amor,/ tu és a Mãe Santa de Cristo Senhor!

Nas dores e angústias, nas lutas da vida,/ tu és a Mãe nossa por Deus concedida.

8. Oração pelas Vocações
Celebrante: Ó Mãe do Sumo Sacerdote Jesus Cristo, queremos agora falar bem perto ao vosso coração de Mãe.

Todos: Sinceramente vos agradecemos

porque trouxestes Jesus,/ nosso Caminho,/ nossa Vida,/ a Verdade que ilumina.

Celebrante ou leitor: Maria, Mãe da Igreja, quem continuará esta presença de Deus entre nós? É pelos continuadores de vosso Filho que agora pedimos:

Todos: Que tenhamos sacerdotes santos,/ para que possamos viver a presença de Deus,/ o Amor,/ a Paz e a Salvação.

Celebrante ou leitor: Alcançai-lhes uma fé inabalável como a rocha, que os leve a viver com fidelidade seus compromissos com Deus e a Igreja.

Todos: Convosco pedimos ao Pai,/ por Jesus Cristo,/ mais operários para a messe do Senhor;/ e também homens e mulheres consagrados ao serviço do Reino de Deus/ na vida religiosa.

Celebrante ou leitor: Que as famílias cristãs saibam educar seus filhos para o amor de Deus e do próximo e os ajudem a descobrir e a seguir a própria vocação.

Todos: Dai perseverança aos seminaristas/ e aos que procuram ser fiéis a Deus que os chama.

Celebrante ou leitor: Ao dar a vida a cada ser humano, o Senhor o convoca para uma missão de amor, de doação pessoal e de serviço, a Deus e ao próximo.

Todos: Ajudai-nos, ó Mãe do Perpétuo Socorro,/ a viver com responsabilidade/ nossa vocação de batizados. Amém.

(Se for oportuno, faz-se agora a leitura de alguns pedidos e agradecimentos.)

ANÚNCIO DA PALAVRA

A. Leitura

B. Homilia

BÊNÇÃO DA SAÚDE

9. Oração
Celebrante: O Senhor esteja convosco!
Todos: Ele está no meio de nós!
Celebrante: Senhor Jesus Cristo, uni aos acontecimentos da vossa Paixão e Ressurreição

os sofrimentos e as dores de todos os que padecem e estão doentes.

Todos: Fazei que compreendam, Senhor,/ que não estão sozinhos nem são inúteis,/ mas estão crucificados convosco para a salvação do mundo.

Celebrante: Senhor, que curastes tantos enfermos, se for da Vontade do Pai, restituí a saúde aos nossos irmãos que padecem!

Todos: Senhor, tende piedade de nossos doentes!

Celebrante: Olhai com bondade para as pessoas idosas que sofrem na solidão ou na doença. Que sejam amparadas pela nossa caridade fraterna!

Todos: Pedimos também pelos que se acham em perigo de vida/ ou que nestes dias/ deverão passar deste mundo para a Eternidade./ Que a vossa presença amiga e certa/ alcance para eles/ perdão, esperança e salvação!

Celebrante: Os remédios são os meios que vossa Providência concede para a recuperação da saúde. Iluminai, pois, os médicos e todos os que se dedicam aos enfermos, para que descubram os recursos adequados ao seu tratamento.

Todos: Senhor, escutai a nossa prece!
Celebrante: Ó Deus, nosso Pai, por intercessão de Nossa Senhora do Perpétuo Socorro, e de todos os santos, fazei descer sobre vossos filhos aqui reunidos, e sobre todos os doentes e os que estão sofrendo, vossa bênção salvadora.

Sacerdote: *(Estendendo a mão sobre a comunidade:)* Deus Pai vos dê sua bênção!

Todos: Amém!

Sacerdote: Deus Filho conceda a saúde aos enfermos!

Todos: Amém.

Sacerdote: Deus Espírito Santo ilumine a todos!

Todos: Amém.

Sacerdote: Em nome do Pai † e do Filho e do Espírito Santo.

Todos: Amém.

10. Bênção da Água

Celebrante: Bendigamos ao Senhor por todos os bens da natureza, especialmente pela água.

Todos: Bendito seja Deus para sempre!

Celebrante: Bendigamos ao Senhor pela água do santo batismo, que nos torna filhos de Deus.
Todos: Bendito seja Deus para sempre!
Celebrante: Abençoai, Senhor, pela intercessão de Nossa Senhora do Perpétuo Socorro, esta água que vossos filhos aqui trouxeram. Que seu uso leve todos a cumprir a Vontade do Pai. Seja ela em suas casas um sinal de vossa presença salvadora! Seja também um motivo de fé e confiança para as mães que esperam o nascimento de seus filhinhos – que elas alcancem a graça de levá-los sãos e salvos às águas do Batismo! Em nome do Pai † e do Filho e do Espírito Santo.
Todos: Amém.
(Onde for costume, o celebrante dê a bênção geral aos objetos, conforme o Ritual Romano:)

Sacerdote: O Senhor esteja convosco!
Todos: Ele está no meio de nós!
Sacerdote: Oremos. Deus, cuja palavra santifica todas as coisas, lançai a vossa bênção † sobre estas criaturas. Concedei que todo aquele que, entre ações de graças, as usar, de acordo com a vossa lei e vontade, pela invocação do vosso santíssimo nome receba de vós a saúde

do corpo e a proteção da alma. Por Cristo, nosso Senhor.
Todos: Amém.
(O celebrante passa no meio dos fiéis aspergindo-os com água benta; enquanto isso o povo canta uma ou outra estrofe do canto que segue:)

11. Canto
Socorrei-nos, ó Maria *(ver p. 22, n. 1)*

RITOS EUCARÍSTICOS

12. Comunhão
(Terminada a aspersão, o celebrante coloca a âmbula sobre o altar; ou então, se houver ministro da Eucaristia, já durante a aspersão ele mesmo o faz. O celebrante, com estas ou outras palavras, diz:)
Celebrante: Irmãos, vamos alimentar-nos com o Corpo e Sangue de Cristo. A comunhão de agora tem o sentido de participação na celebração da Ceia Eucarística em que estas hóstias foram consagradas. A comunhão nos une a Cristo e a nossos irmãos, formando e sustentando a comunidade. Para realizarmos santamente

esta união, rezemos com fé e confiança a oração que Jesus mesmo nos ensinou:

Todos: Pai nosso...

Celebrante: Felizes os convidados para a Ceia do Senhor! Eis o Cordeiro de Deus, que tira pecado do mundo!

Todos: Senhor, eu não sou digno(a) de que entreis em minha morada, mas dizei um palavra e serei salvo(a)!

(Durante a distribuição da comunhão, a comunidade canta cantos apropriados.)

BÊNÇÃO DO SANTÍSSIMO

– Esta é a hora das bênçãos. A Eucaristia é a maior de todas as bênçãos, a grande "ação de graças" ao Pai dos homens unidos em Cristo, e é a grande Bênção que transborda de sua bondade para nós (1Cor 11,23-26).

Tão sublime Sacramento adoremos neste altar./ Pois o Antigo Testamento deu ao Novo o seu lugar./ Venha a fé por suplemento os sentidos completar.

Ao eterno Pai cantemos e a Jesus, o Salvador./ Ao Espírito exaltemos, na Trindade eterno amor./ Ao Deus uno e trino demos a alegria do louvor. Amém.

Celebrante: Do céu lhes destes o Pão. (Aleluia)
Todos: Que contém todo o sabor. (Aleluia)
Oremos: Senhor Jesus Cristo, neste admirável Sacramento nos deixastes o memorial de vossa paixão. Dai-nos venerar com tão grande amor o mistério do vosso corpo e do vosso sangue, que possamos colher continuamente os frutos da Redenção. Vós que sois Deus com o Pai, na unidade do Espírito Santo. Amém.

– Deus vos abençoe e vos guarde! Que Ele vos ilumine com a luz de sua face e vos seja favorável! Que Ele vos mostre o seu rosto e vos traga a paz! (Nm 6,24-26). Que Ele vos dê a saúde do corpo e da alma!
– Nosso Senhor Jesus Cristo esteja perto de vós para vos defender. Esteja em vosso coração para vos conservar. Que Ele seja vosso guia para vos conduzir. Que vos acompanhe para

vos guardar. Olhe por vós e sobre vós derrame sua bênção! Em nome do Pai, do Filho e do Espírito Santo.

Todos: Amém.

13. Louvores

Bendito seja Deus.

Bendito seja seu santo nome.

Bendito seja Jesus Cristo, verdadeiro Deus e verdadeiro homem.

Bendito seja o nome de Jesus.

Bendito seja o seu sacratíssimo coração.

Bendito seja o seu preciosíssimo sangue.

Bendito seja Jesus no Santíssimo Sacramento do altar.

Bendito seja o Espírito Santo, Paráclito.

Bendito seja a grande Mãe de Deus, Maria Santíssima.

Bendita seja a sua santa Imaculada Conceição.

Bendita seja a sua gloriosa Assunção.

Bendito seja o nome de Maria, Virgem e Mãe.

Bendito seja São José, seu castíssimo esposo.

Bendito seja Deus nos seus anjos e nos seus santos.

14. Oração pela Igreja

Deus e Senhor nosso,/ protegei a vossa Igreja,/ dai-lhe santos pastores e dignos ministros./ Derramai vossas bênçãos/ sobre o nosso santo padre, o Papa,/ sobre o nosso Bispo,/ sobre o nosso pároco,/ e sobre todo o clero; sobre o Chefe da Nação e do Estado,/ e sobre todas as pessoas constituídas em dignidade, para que governem com justiça./ Dai ao povo brasileiro/ paz constante e prosperidade completa./ Favorecei, com os efeitos contínuos da vossa bondade, o Brasil, este bispado, a paróquia em que habitamos,/ a cada um de nós em particular,/ e a todas as pessoas por quem somos obrigados a orar/ ou que se recomendaram às nossas orações./ Tende misericórdia das almas dos fiéis defuntos; dai-lhes, Senhor,/ o descanso e a luz eterna.

CÂNTICOS

1. Socorrei-nos, ó Maria

1. Socorrei-nos, ó Maria,/ neste nosso caminhar/ Os doentes e os aflitos,/ vinde todos consolar!

Vosso olhar a nós, volvei,/ vossos filhos protegei!/ Ó Maria, ó Maria!/ Vossos filhos socorrei!

2. Visitai os que padecem aliviando-lhes a dor. E a nós todos convertei-nos: testemunhas do Senhor!

3. Dai saúde ao corpo enfermo,/ templo santo do Senhor! E a nós todos socorrei-nos, Mãe de Cristo Salvador!

4. Que tenhamos cada dia pão e paz em nosso lar;/ e de Deus a santa graça para sempre nos amar!

5. Convertei os pecadores,/ para que voltem a Deus!/ De nós todos sede guia no caminho para o céu!

6. Nas angústias e receios,/ sede, ó Mãe, a nossa luz!/ Dai-nos sempre fé e confiança/ no amor do bom Jesus.

2. À vossa proteção recorremos

À vossa proteção recorremos, Mãe de Deus.

1. Santa Maria, socorrei os pobres,/ ajudai os fracos, consolai os tristes,/ rogai pela Igreja, protegei o clero,/ ajudai-nos todos, sede nossa salvação.

2. Santa Maria, sois a Mãe dos homens,/ sois a

Mãe de Cristo, que nos fez irmãos./ Rogai pela Igreja, pela humanidade,/ e fazei que enfim tenhamos paz e salvação.

3. Santa Maria, mãe do Redentor,/ cheia de graça, rogai por nós a Deus./ Rogai pela Igreja, pelos não cristãos,/ sede nossa força, ouve a nossa oração.

3. Ó boa Mãe do Socorro

Ó boa Mãe do Socorro. Ouvi a minha oração;/ ó, socorrei-me sempre em qualquer aflição. (bis)

1. Gravou-se, fundo em minha alma, a imagem que Socorro traz,/ em tempestade como em calma, em horas boas, horas más.

2. Seu nome cheio de esperança declara a todos socorrer;/ milagres mil dão confiança pra seu socorro recorrer.

3. Recorro, pois, à Santa imagem e nada há de me faltar,/ perpetuamente na viagem pra o céu me há de auxiliar.

4. Socorro peço-vos, Senhora, socorro pra perseverar,/ até soar da morte a hora e vosso auxílio me salvar.

4. Por nós rogai

1. Por nós rogai ao bom Jesus,/ que nos salvou por sua cruz./ Por nós velai, ó Mãe querida,/ nos abençoai por toda a vida,/ Nossa Senhora do Perpétuo Socorro.

5. Ó Virgem Maria

1. Ó Virgem Maria, Rainha de amor,/ tu és a Mãe Santa do Cristo Senhor!/ Perpétuo Socorro, tu és, Mãe querida!/ Teus filhos suplicam socorro na vida!/ Nas dores e angústias, nas lutas da vida,/ tu és a Mãe nossa por Deus concebida.

6. Magnificat!

Magnificat! Magnificat! É o canto de amor./ Minha alma engrandece a Deus, meu Salvador.

1. Canta, coração, alegre e feliz,/ com gratidão a Deus bendiz! (bis)
2. Santo é o seu nome, que está em toda a terra,/ puro é o seu amor. Que alegria encerra!
3. Nossa união é milagre de amor/ vindo de Jesus, nosso Salvador!
4. Deus é um pai fiel, de ninguém esquece./ Obrigado, Deus, ouve esta prece!

7. Imaculada

Imaculada, Maria de Deus,/ coração pobre acolhendo Jesus!/ Imaculada, Maria do povo,/ Mãe dos aflitos que estão junto à cruz!

1. Um coração que era "sim" para a vida,/ um coração que era "sim" para o irmão,/ um coração que era "sim" para Deus:/ Reino de Deus renovando este chão.

2. Olhos abertos pra sede do povo,/ passo bem firme que o medo desterra,/ mãos estendidas que os tronos renegam;/ Reino de Deus que renova esta terra.

3. Faça-se, ó Pai, vossa plena vontade,/ que os nossos passos se tornem memória/ do amor fiel que Maria gerou;/ Reino de Deus atuando na História.

8. Ave, cheia de graça!

Ave, cheia de graça!/ Ave, cheia de amor!/ Salve, ó Mãe de Jesus,/ a ti nosso canto e nosso louvor! (bis)

1. Mãe do Criador, rogai!/ Mãe do Salvador, rogai! Do libertador, rogai por nós!/ Mãe dos oprimidos, rogai! Mãe dos perseguidos, rogai! Dos desvalidos, rogai por nós!

2. Mãe do boia-fria, rogai! Causa da alegria, rogai! Mãe das Mães, Maria, rogai por nós!/ Mãe dos despejados, rogai! Dos abandonados, rogai! Dos desempregados, rogai por nós!

3. Mãe dos pescadores, rogai! Dos agricultores, rogai! Santos e Doutores, rogai por nós!/ Mãe do céu clemente, rogai! Mãe dos doentes, rogai! Do menor carente, rogai por nós!

9. Salve, ó Maria

Salve, ó Maria, salve, ó Maria,/ teu povo te chama com fé Maria de Nazaré.

1. Olha teu povo oprimido neste país a vagar./ Tu és a nossa esperança da nova terra encontrar.

2. Dá-nos o amor verdadeiro e força para nós caminharmos./ Pra que teu Filho Jesus possa nos abençoar.

3. Junto a ti, mãe querida, estamos felizes para lutar./ Nesta batalha tão longa vamos vitória cantar.

4. Te agradecemos, Maria, por teu apoio e tua luz./ Escuta sempre o teu povo e nos conduz a Jesus.

10. Neste dia, ó Maria

Neste dia, ó Maria, nós te damos nosso amor./ Céus e terra estão cantando, celebrando teu louvor./ Dá-nos sempre, Mãe querida, nesta vida puro amor./ E depois nos leva à glória, junto ao trono do Senhor.

11. Maria, Mãe dos caminhantes

Maria, Mãe dos caminhantes,/ ensina-nos a caminhar./ Nós somos todos viandantes,/ mas é preciso sempre andar.

1. Fizeste longa caminhada,/ para servir a Isabel,/ sabendo-te de Deus morada,/ após teu *sim* a Gabriel.

2. Depois da dura caminhada,/ para a cidade de Belém,/ não encontraste lá pousada,/ mandaram-te passar além.

3. Humilde foi a caminhada,/ em companhia de

Jesus./ quando pregava, sem parada,/ levando aos homens sua luz.

4. Vitoriosa caminhada/ fez finalmente te chegar/ ao céu, à meta da jornada/ dos que caminham sem parar.

12. Quem disse que não somos nada

Quem disse que não somos nada,/ que não temos nada para oferecer./ Repare em nossas mãos abertas,/ trazendo as ofertas do nosso viver. (bis)

1. A fé do homem peregrino/ que busca um destino,/ um pedaço de chão./ A luta do povo oprimido,/ que abre caminho, transforma a nação.

Ô, ô, ô, recebe Senhor! (bis)

2. Coragem de quem dá a vida/ seja oferecida/ neste vinho e pão./ É força, que destrói a morte/ e muda a nossa sorte, é Ressurreição.

Ô, ô, ô, recebe Senhor! (bis)

13. Eu quis comer

1. Eu quis comer esta ceia agora,/ pois vou morrer, já chegou minha hora.

Comei, tomai,/ é meu corpo e meu sangue que dou./ Vivei no amor:/ Eu vou preparar a ceia na casa do Pai. (bis)

2. Comei o pão: é meu corpo imolado/ por vós; perdão para todo o pecado.

3. E vai nascer do meu sangue a esperança,/ o amor, a paz: uma nova aliança.

4. Vou partir; deixo o meu testamento./ Vivei no amor: eis o meu mandamento.

5. Irei ao Pai; sinto a vossa tristeza,/ porém, no céu, vos preparo outra mesa.

6. De Deus virá o Espírito Santo/ que vou mandar pra enxugar vosso pranto.

14. Vós sois o caminho

Vós sois o caminho, a verdade e a vida;/ o pão da alegria descido do céu.

1. Nós somos caminheiros/ que marcham para os céus./ Jesus é o caminho/ que nos conduz a Deus.

2. Da noite da mentira,/ das trevas para a luz,/ busquemos a verdade,/ verdade é só Jesus.

3. Pecar é não ter vida,/ pecar é não ter luz;/ tem vida só quem segue/ os passos de Jesus.

4. Jesus, verdade e vida,/ caminho que conduz/ as almas peregrinas/ que marcham para a luz.

15. Prova de amor

Prova de amor maior não há/ que doar a vida pelo irmão.

1. Eis que eu vos dou/ o meu novo mandamento:/ "Amai-vos uns aos outros/ como eu vos tenho amado".

2. Vós sereis os meus amigos,/ se seguirdes meu preceito:/ "Amai-vos uns aos outros/ como eu vos tenho amado".

3. Como o Pai sempre me ama,/ assim também eu vos amei: "Amai-vos uns aos outros/ como eu vos tenho amado".

4. Permanecei em meu amor/ e segui meu mandamento:/ "Amai-vos uns aos outros/ como eu vos tenho amado".

5. E, chegando a minha Páscoa,/ vos amei até o fim:/ "Amai-vos uns aos outros como eu vos tenho amado".

6. Nisto todos saberão/ que vós sois os meus discípulos:/ "Amai-vos uns aos outros como eu vos tenho amado".

16. A Barca

1. Tu te abeiraste da praia;/ não buscaste nem sábios nem ricos,/ somente queres que eu te siga.

Senhor, tu me olhaste nos olhos./ A sorrir, pronunciaste meu nome./ Lá na praia, eu larguei o meu barco,/ junto a ti buscarei outro mar...

2. Tu sabes bem que em meu barco,/ eu não tenho nem ouro nem espadas,/ somente redes e o meu trabalho.

3. Tu, minhas mãos solicitas,/ meu cansaço que a outros descanse,/ amor que almeja seguir amando.

4. Tu, pescador de outros lagos,/ ânsia eterna de almas que esperam,/ bondoso amigo que assim me chamas.

17. A ti, meu Deus

1. A ti, meu Deus, elevo o meu coração, elevo as minhas mãos, meu olhar, minha voz. A ti, meu Deus, eu quero oferecer meus passos e meu viver, meus caminhos, meu sofrer.

A tua ternura, Senhor, vem me abraçar e a tua bondade infinita me perdoar. Vou ser o teu seguidor e te dar o meu coração, eu quero sentir o calor de tuas mãos.

2. A ti, meu Deus, que és bom e que tens amor, ao pobre e ao sofrer vou servir e esperar. Em ti, Senhor, humildes se alegrarão, cantando a nova canção de esperança e paz.

18. O Corpo que era dele

O corpo que era dele, eu comerei agora, o sangue que era dele meu será. A vida que era dele eu viverei agora. O Sonho que era dele meu será.

1. A farinha molhada na água é o pão, a farinha molhada na fé é Jesus. Eis o sonho que o mundo não quis enteder. Quem não comer, não viverá.

2. Muita uva amassada no pé é o vinho, muita uva

amassada na fé é Jesus. Eis o sonho que o mundo não quis entender. Quem não beber, não viverá.

19. Aceitai essa missão

Aceitai essa Missão, de quem sois a protetora,/ Mãe de Deus, Nossa Senhora do Perpétuo Socorro.

1. Mãe querida, Mãe de Deus, com seu coração bondoso,/ sempre acolhe os filhos seus, neste mundo tormentoso.

2. Com seu olhar materno, acompanha o pecador,/ que despreza o amor materno de seu Deus e Redentor.

3. Consagramos fervorosos, radiantes de alegria,/ nestes dias venturosos, nossas almas a Maria.

4. Aceitai meu coração, minha excelsa protetora,/ Mãe de Deus, Nossa Senhora do Perpétuo Socorro.

20. Ensina Teu Povo

Ensina teu povo a rezar. Maria, Mãe de Jesus, que um dia o teu povo desperta e na certa vai ver a luz; que um dia o teu povo se anima e caminha com teu Jesus.

1. Maria de Jesus Cristo, Maria de Deus, Maria Mulher, ensinai a teu povo o jeito de ser o que Deus quiser.

2. Maria, Senhora nossa, Maria do povo de Deus, ensinai o teu jeito perfeito de sempre escutar teu Deus.

ÍNDICE

Introdução 3
Ritos iniciais 6
Preces 8
Anúncio da Palavra 13
Bênção da Saúde 13
Ritos Eucarísticos..................................... 17
Bênção do Santíssimo 18
Cânticos.. 22